AF595711

La Loi Roussel,

PAR

le Professeur A. PINARD

G. Steinheil, Éditeur.

Extr. de la *Revue pratique d'Obstétrique et de Pædiatrie.*
Nov. 1905

LA LOI ROUSSEL

OBSERVATIONS PRÉSENTÉES AU COMITÉ SUPÉRIEUR DE PROTECTION DES ENFANTS DU PREMIER AGE

Par le professeur **Adolphe Pinard**.

Messieurs, d'après les paroles qui viennent de m'être adressées par votre Président, vous me faites l'honneur de me demander mon opinion :

1° Sur les modifications qu'il me paraîtrait utile d'apporter à la Loi Roussel ;

2° Sur le vote émis par le Comité supérieur dans sa séance du 13 mars 1903, vote réduisant à *trois mois* le délai de *sept mois* inscrit par l'article 8 de la Loi de 1874.

Je ne saurais mieux vous remercier d'avoir bien voulu m'appeler au milieu de vous, qu'en m'exprimant avec une franchise dénuée de tout artifice, franchise qui choquera peut-être quelques-uns d'entre vous, mais que vous me pardonnerez, je pense, étant donné les raisons d'où elle émane et les sentiments sur lesquels elle repose.

Messieurs, sur la première question, ma réponse est nettement affirmative : Oui, la Loi Roussel doit être modifiée, et je vous dirai de quelle façon elle doit l'être, à mon avis.

Sur la seconde, voici mon opinion formelle : Si une loi sanctionnait le vote que vous avez émis le 13 mars 1903, j'affirme qu'il serait permis de dire justement que la Loi Roussel n'aurait pas été modifiée par le Comité supérieur de protection des enfants du premier âge, mais bien *mutilée* ! Je vous demande la permission de m'expliquer, afin de vous bien pénétrer que mon langage n'a vraiment rien de violent, ni d'excessif.

Tout d'abord, il m'apparaît que l'esprit de la Loi Roussel a toujours été méconnu, tout au moins par quelques-uns d'entre vous, et que, pour cette raison, il est absolument nécessaire d'exposer brièvement ici la genèse de cette Loi, loi **essentiellement tutélaire.**

Quelle est l'origine de cette Loi, comment est-elle née ? C'est ce que je vais me permettre de vous rappeler en quelques mots.

L'effroyable mortalité infantile, observée en France et surtout dans certaines régions, dénoncée par quelques médecins, déplorée par les philanthropes, enregistrée par les démographes, avait, depuis bien longtemps déjà, éveillé l'attention des gouvernements qui s'étaient succédé durant plus d'un siècle. Déjà de multiples tentatives avaient été faites pour remédier à ce lamentable état de choses : ordonnances, édits, etc. Toutes ces mesures restèrent inefficaces. La tradition, les mœurs, l'ignorance persistèrent dans leur rôle meurtrier, et les enfants continuèrent à mourir dans la proportion que vous savez.

Cependant, sous l'influence des communications, si tristement révélatrices, faites par des médecins dont les noms méritent de ne pas être oubliés, communications portées à la tribune de l'Académie de Médecine et commentées par les divers rapporteurs de la Commission de l'hygiène de l'enfance ; sous l'influence aussi des désastres que venait de subir notre pays, l'opinion publique s'émut. On comprit que quelque chose était à faire et devait être fait.

Heureusement, à cette époque existait un homme, ayant toutes les forces d'un apôtre, possédant toutes les vertus, dont les qualités du cœur égalaient celles de l'esprit : j'ai nommé le Dr Théophile Roussel, alors député. Après avoir longuement étudié la question, il déposa un projet de loi, dont l'exposé des motifs fut lu le 27 mars 1873.

Or, ainsi que vous pouvez le constater, dès les premières pages de cette œuvre admirable, où se reflète depuis le premier mot jusqu'au dernier la philanthropie la plus intelligente et la plus éclairée, Théophile Roussel expose et met à nu cette *plaie sociale* causée par les *nourrices sur lieu.* Il déclare qu'il n'est point en somme un novateur, qu'il ne fait que reprendre ce qui a été déjà tenté par bien d'autres et, en particulier, il rappelle le projet de règlement proposé, au nom d'une commission, par le baron de Beauverger.

Une commission parlementaire fut nommée pour étudier le projet de loi.

Messieurs, que disent les procès-verbaux d'enquête de cette laborieuse commission ? Lisez-les, je vous prie. Vous verrez que le Dr Monot s'exprime ainsi :

« De 1858 à 1870, dans le canton de Montsauche, sur 3.950 femmes, 2.700 quittèrent le pays pour aller se placer comme nourrices sur lieu : **779** des enfants de ces mères sont morts, dans un laps de temps qui a varié de huit jours à trois mois après leur retour de Paris, soit 33 p. 100.

« Pendant la guerre, aucun départ de nourrices ; mortalité des enfants : 17 p. 100.

« Dans les neuf premiers mois de l'année 1873, il y a eu dans le canton que j'habite, dit-il, 272 naissances. Déjà 152 mères sont parties pour nourrir sur lieu, et déjà 72 de leurs enfants sont morts ! »

Vous constaterez qu'un accoucheur, membre de l'Académie, Blot, a appelé l'attention de la commission sur une catégorie d'enfants trop oubliée, celle des *frères de lait,* ou mieux des *frères ennemis*, c'est-à-dire des enfants délaissés par leurs mères, qui vont vendre leur lait. » Là aussi, dit-il, se pratiquent de véritables *infanticides* ou *homicides.* »

Vous serez probablement très surpris en voyant que le directeur de l'Administration générale d'alors, M. Husson, est venu rappeler à la Commission l'article 41 de l'instruction générale sur les enfants assistés du département de la Seine, ainsi formulé : *Aucune nourrice ne peut venir chercher un enfant à l'hospice si son dernier enfant n'a pas atteint* **neuf mois** *révolus et s'il n'est pas sevré.*

Après avoir pris connaissance de ces dépositions et de bien d'autres, toutes aussi suggestives, vous comprendrez que, dans un rapport lu le 3 juin 1874, Théophile Roussel s'exprime ainsi :

« Tout ce qui éloigne l'enfant de la mère le met en état de souffrance et en danger de mort. »

Oh, Messieurs, rappelez-vous constamment cette sentence, ne l'oubliez jamais : il n'en est pas qui renferme une plus grande idée morale, une plus grande idée sociale; il n'en existe pas qui soit plus juste et plus vraie, c'est-à-dire plus éloquente!

Le grand philanthrope, le grand citoyen, après avoir ciselé cette pure vérité, la commente ainsi:

« L'observation de cette loi de la vie organique est *tellement fondamentale* pour les sociétés humaines qu'on est surpris de rencontrer, dans l'allaitement mercenaire, un fait aussi ancien et aussi répandu. A toutes les époques, il se montre comme un des tristes privilèges des familles amollies par le luxe. Dans les sociétés antiques, il s'est multiplié à mesure que ces sociétés sont entrées en décomposition. »

Et plus loin : « On continue d'oublier le sort réservé à l'enfant que la nourrice a délaissé pour vendre son lait. Il y a là un oubli injuste, et dont les conséquences ont été trop fortement prouvées pour qu'il fût possible à la Commission de ne pas chercher à le réparer. »

Enfin dans la séance du 29 mars, où fut discutée et adoptée définitivement la rédaction de l'article 8, *aucune voix* ne s'éleva pour demander que l'enfant de la nourrice sur lieu pût être abandonné avant l'âge de cinq mois.

Bien plus, vous constaterez qu'aux membres de la Commission, qui, s'appuyant sur un projet antérieur, demandaient que l'âge de *cinq mois* fût adopté, Théophile Roussel fit cette réponse, que je vous supplie également de ne point oublier :

« *Cette fixation à l'âge de cinq mois n'a été qu'une concession aux convenances de* **l'industrie nourricière.** *Notre limite de* **sept mois** *satisfait mieux aux* **exigences de la science et de l'humanité.** »

J'en ai assez dit, je pense, pour dégager et mettre en relief le pourquoi de l'une des principales mesures protectrices ou, comme le disait avec plus de raison M. H. Monod dans l'admirable exposé qu'il vous fit le 7 novembre 1894, *de la principale mesure protectrice* ordonnée par la loi de 1874.

Vous le savez tous, l'ensemble de la loi fut adopté définitivement en troisième lecture par la Chambre des députés, le 23 mars 1874, et fut connu, depuis cette époque, sous le nom de Loi Roussel. Le règlement d'administration publique du 27 février 1877 en détermina l'application. Que se passa-t-il, depuis cette époque, au point de vue de l'application de la loi et du règlement ?

M. H. Monod vous l'a dit : partout où l'exécution de la loi fut sérieuse, la mortalité infantile diminua.

Mais il en fut de cette loi comme de tant d'autres : elle fut ignorée par la plupart, elle fut *méconnue par ceux dont elle lésait les intérêts.*

M. le Directeur de l'assistance et de l'hygiène publiques vous l'a rappelé maintes fois, le Comité supérieur attira l'attention du Gouvernement sur la non-exécution de l'article 8, spécialement à Paris.

Je puis, moi, affirmer que c'est à l'instigation de M. H. Monod que le ministre de l'Intérieur, M. Dupuy, adressa aux préfets, à la date du 27 octobre 1894, une circulaire dans laquelle il rappelle et affirme l'esprit de la loi en ces termes, qu'on ne répétera jamais assez, à savoir : « *que le lait de la femme appartient non à elle, mais à son enfant ; qu'elle n'a pas le droit d'en trafiquer à sa guise et que, si elle peut être admise à le céder à un enfant étranger, c'est seulement lorsqu'il est légitime de présumer qu'il n'est plus* **indispensable à la vie et à la santé du sien.** »

Cette circulaire, qui donnait satisfaction à tous les vrais philanthropes, fut mal accueillie par la préfecture de police, dispensatrice de la plupart des nourrices à Paris.

Déjà, la préfecture de police avait manifesté sa mauvaise volonté en 1879, en ergotant, passez-moi cette expression, sur la signification du mot *allaiter*. Mais, en réponse à la circulaire de 1894, elle adressa au ministre un rapport dont l'étendue n'a d'égale que la compacité et où il est dit simplement : que la difficulté pour la préfecture de police d'appliquer la loi de 1874 résulte de son respect pour les habitudes et les préjugés, et aussi et enfin que l'application de la loi aurait **une influence désastreuse sur l'industrie des bureaux de nourrices**.

Vous n'ignorez pas la protestation indignée de Théophile Roussel à la lecture de ce rapport. M. H. Monod s'en est fait l'écho, et vous savez aussi la réponse qui fut faite par le Comité supérieur d'alors. Cette réponse fut l'adoption, en 1901, du rapport si ferme, si net dans ses conclusions, si bien rédigé par mon collègue et ami Josias, montrant dans cette circonstance autant de cœur que de bon sens. Lors de la discussion de ce rapport la préfecture de police ne rencontra qu'un avocat... quoique timide encore, mon collègue M. Porak, qui se montra là, pour la première fois adversaire de l'article 8.

N'ayant pas eu gain de cause au Comité supérieur, M. Porak essaya alors, comme rapporteur de la Commission permanente de l'hygiène de l'enfance, de faire prévaloir son opinion à l'Académie de médecine. C'est ainsi que, dans un rapport lu à l'Académie dans la séance du 10 décembre 1901, mon collègue proposa de modifier l'article 8 et d'abaisser la limite de sept mois à *deux mois et demi.*

Ce même jour, je demandai la parole pour protester contre cette conclusion ; et finalement, dans la séance du 14 janvier 1902, M. Porak, pour des raisons qu'il ne fit pas connaître, renonça à présenter son vœu à la sanction de l'Académie.

Mais il revint à la charge et à la fin de la même année, le 30 décembre 1902, il proposa à l'Académie la conclusion suivante : « L'enfant d'une femme qui se place nourrice sur lieu devra être allaité par sa mère ou par une autre femme trois mois au moins, s'il est né en janvier, février, mars, juillet, août, septembre, octobre, novembre, décembre. Toutefois, s'il est né en avril, mai ou juin, il devra être allaité au sein par sa mère ou par une autre femme pendant cinq mois. »

Je dois vous avouer, Messieurs, que cette conclusion, qui n'avait pas été discutée par la Commission permanente de l'hygiène de l'enfance, et dont seul son auteur a l'honneur et la responsabilité, ne fut pas discutée par l'Académie. Enfin, le 3 février 1903, M. Porak, cette fois au nom de la Commission, proposait à l'Académie l'adoption du vœu suivant : *L'enfant d'une femme qui se place nourrice devra être allaité par sa mère ou par une autre femme pendant trois mois au moins.*

L'Académie répondit à mon collègue en adoptant le vœu suivant, dans sa séance du 24 mars 1903 :

Toute personne qui veut se placer nourrice sur lieu est tenue de se munir d'un certificat du maire de sa commune indiquant si son dernier enfant est vivant ou décédé, et s'il est vivant, constatant qu'il est âgé de sept mois révolus.

Ainsi donc l'Académie de médecine, bien loin d'adopter le vœu de M. Porak, demande **qu'aucune nourrice sur lieu ne puisse se placer avant que son enfant soit âgé de sept mois.**

Oh ! je sais bien que mon collègue ne se déclare pas vaincu par ce vote et persiste dans son opinion. Il vous en a, ici même, donné les raisons; et comme il m'a mis personnellement en cause dans sa réponse à M. Monod, je vous demande la permission de passer brièvement en revue ses raisons.

Tout d'abord, pour M. Porak, l'opinion d'un mort, ce mort s'appelât-il Théophile Roussel, ne compte plus: mon collègue ajoute même que : *l'autorité des grands hommes a été néfaste.* Donc voici l'auteur de la loi de 1874 exécuté.

Ensuite M. Porak vous a dit qu'il avait *quelques raisons de croire que le vote de l'Académie a été un vote de surprise.* L'autorité et surtout la situation officielle de certains membres de l'Académie en auraient été, pour lui, la cause. Il va même plus loin: contestant l'opinion du président M. Tillaux, opinion qui n'a plus de valeur pour lui, puisque M. Tillaux est mort; s'appuyant sur la presse, laquelle, toujours d'après lui, n'entend pas mais voit très bien ce qui se passe à l'Académie, il proclame que la majorité qui s'est prononcée contre lui a été très faible, que le nombre des abstentions a été considérable, que le vote à main levée ne peut avoir grande signification, alors qu'il a eu lieu « au milieu des conversations, dans une salle où on entend mal une proposition aussi peu claire dans ses conséquences que le texte de l'article 8 de la loi Roussel ! » Et enfin, voulant dans votre esprit annihiler l'importance de ce fameux vote, il pousse une dernière charge contre lui et ajoute ceci : « Je suppose, dit-il, qu'il n'y ait pas eu surprise. Eh bien ! l'Académie s'est quelquefois déjugée : elle peut se tromper. »

Messieurs, je tiens à rétablir les faits et à vous démontrer que M. Porak est, sur tous ces points, dans l'erreur.

Tout d'abord, quoi qu'en ait dit la presse, et quoi que répète mon collègue, le vote émis par l'Académie en faveur du maintien de l'article 8 de la loi Roussel et de la suppression du dernier membre de phrase, l'a été par une majorité considérable.

De plus, ce vote n'a pas été un vote de surprise ; je vais vous en donner la preuve.

Plusieurs occasions se sont produites, depuis que ce vote a été émis, où l'Académie aurait pu se déjuger si elle avait été surprise. Qu'a-t-elle fait dans ces occasions ? Je vais vous le dire, mon cher collègue, je vais vous le montrer, Messieurs. L'année dernière, le Gouvernement invita l'Académie à formuler des instructions concernant l'élevage des enfants. Que fit-elle dans cette circonstance ? Malgré vous, monsieur Porak, contre vous, elle commença par proclamer : *que l'enfant a droit au lait de sa mère.*

Direz-vous que, cette fois encore, la majorité n'a pas été considérable ? Non, n'est-ce pas, car vous savez quels sont les chiffres.

Cette année même, vous avez présenté à la Commission permanente de l'hygiène de l'enfance un rapport où, à propos de la loi sur les enfants assistés, récemment votée par le Parlement, vous formuliez des critiques contre l'article 8, vous élevant encore contre la limite adoptée de *sept mois.* Qu'a fait la Commission ? Elle a protesté contre cette partie de votre rapport, et vous avez été obligé de la supprimer.

Ainsi vous le voyez, Messieurs, à l'Académie, soit en séance publique, soit dans les commissions, toujours et partout M. Porak a été repoussé chaque fois qu'il a voulu porter atteinte à l'article 8 de la Loi Roussel.

Et croyez bien que ce n'est ni l'autorité de M. H. Monod, ni l'éloquence que me prête si aimablement mon collègue, qui ont déterminé ces votes constants de l'Académie. L'Académie agit ainsi, parce qu'elle n'oublie point, parce qu'elle est animée de sentiments vraiment philanthropiques.

J'arrive maintenant à la réponse faite par M. Marbeau à M. le Directeur de l'assistance et de l'hygiène publiques. Dans cette réplique, M. Marbeau engage l'Académie de médecine *à s'attacher à convaincre, d'abord, les médecins accoucheurs que, dans l'intérêt de la mère comme dans celui de l'enfant, il vaut mieux que la mère s'efforce de nourrir elle-même, au lieu de faire appel à la loi.* Laissez-moi vous dire, Messieurs, que mes collègues de l'Académie seront aussi étonnés que je l'ai été moi-même en lisant ce conseil et seront obligés de constater que M. Marbeau ignore absolument les travaux et l'enseignement constant de notre Compagnie.

M. Marbeau dit aussi : « Nous rencontrons dans l'article 8 une prescription que l'Administration la plus clairvoyante, la plus paternelle et la plus pratique a déclarée **inexécutable**, et dont elle a affirmé nettement que la **suppression s'impose.** »

Permettez-moi de vous dire, monsieur Marbeau, que cette Administration à laquelle vous faites allusion, et qui n'est autre que la préfecture de police, est bien loin de professer aujourd'hui l'opinion que vous lui prêtez.

Je prends la liberté de vous renseigner sur ce point.

J'ai l'honneur de faire partie du Comité de protection des enfants du premier âge du département de la Seine ; ce comité se réunit à la préfecture de police, et siègent à ce comité : M. Laurent, secrétaire général de la préfecture de police, et E. Honnorat, chef de la 1re division (celle qui a dans ses attributions les services des nourrices).

Or, dans sa séance du 11 novembre 1903, ce comité adoptait à l'unanimité un vœu demandant que *l'Assistance publique n'emploie comme nourrices sur lieu, dans ses services hospitaliers, que des femmes se conformant rigoureusement aux prescriptions de l'article 8 de la loi du 23 décembre 1874.*

Je vous ai apporté et je mets sous vos yeux le rapport annuel de 1902. Veuillez l'ouvrir à la page 111 et vous y lirez ceci :

« M. Honnorat, partageant absolument l'avis de M. le professeur Pinard sur le rôle néfaste au point de vue social de la nourrice sur lieu, insiste sur l'utilité de la *campagne poursuivie*, dont le résultat sera aussi salutaire pour les femmes de la classe bourgeoise, — qui progressivement finiront par allaiter elles-mêmes leurs enfants, au lieu de les faire élever par des nourrices salariées, — que pour les femmes de la classe ouvrière, qui, renonçant à abandonner leur progéniture et à aller se placer nourrices, garderont au contraire leurs enfants et leur réserveront le lait dont ils doivent légitimement profiter. »

Depuis plusieurs années, la préfecture de police fait tous ses efforts pour empêcher la violation de l'article 8.

Et, progressivement, le nombre des nourrices sur lieu diminue; la loi est de plus en plus respectée.

Voici la vérité, Monsieur Marbeau, quant à ce qui se passe à la préfecture de police et quant à ce qu'elle fait.

J'ajoute que nul n'a fait plus qu'elle, depuis quelques années, pour démontrer mathématiquement l'influence bienfaisante du milieu familial pour l'enfant et l'influence désastreuse de son éloignement, ainsi que vous le pouvez constater en lisant les rapports que, chaque année, M. le préfet de police Lépine adresse au ministre.

Et c'est alors que l'Académie de médecine, dans toutes les circonstances, se prononce énergiquement contre tout ce qui pourrait porter atteinte au principe tutélaire de la Loi Roussel; c'est au moment où toutes les administrations s'évertuent à faire respecter cette loi, où la préfecture de police veille attentivement à ce que l'article 8 ne soit pas violé, c'est alors, dis-je, que cet article est attaqué. Où? Au Comité supérieur de protection de l'enfance, et particulièrement par qui? Par le représentant de l'Académie de médecine dans ce comité!

Vraiment, cela me surprend, me confond et, surtout, me peine.

Sans insister sur ce que présente d'anormal — pour ne pas dire plus — le rôle du représentant de l'Académie qui, au lieu de défendre ici les opinions de l'Académie, les attaque, je vais essayer de rechercher les raisons données par M. Porak et ceux qui le suivent, pour demander **que les enfants puissent être privés du lait de leur mère dès l'âge de trois mois.**

Mais auparavant, je tiens à faire une constatation, qui permettra de comprendre peut-être bien des choses:

M. Porak et ses partisans sont séparés de nous par un abîme au point de vue de l'interprétation de la Loi Roussel, parce qu'ils ne comprennent comme nous, ni son essence, ni sa signification. Alors que nous proclamons que cette loi est simplement et puissamment *tutélaire*, M. Porak la juge *coercitive*. La preuve? Je vais vous la donner immédiatement et aussi nette que possible. M. Porak parle **d'aggravation** *de la Loi Roussel:* « Ce n'est pas en aggravant la Loi que vous assurerez son exécution, dit-il. »

Est-ce qu'une loi protectrice peut être aggravée? Non, n'est-ce pas, elle ne peut être que renforcée. Ceci suffit à démontrer que le véritable rôle de la Loi Roussel, et en particulier de l'article 8, n'a jamais été compris par M. Porak ;et alors on peut admettre jusqu'à un certain point qu'il en soit l'adversaire.

Voyons maintenant les raisons données par M. Porak et ses partisans pour l'attaquer.

Dans tout ce qui a été écrit, dans tout ce qui a été dit par eux à ce sujet, je n'ai jamais entendu quoi que ce soit démontrant que Théophile Roussel a eu tort en affirmant *que tout ce qui éloigne l'enfant de la mère le met en état de souffrance et en danger de mort.*

Personne, que je sache, n'a encore démontré que le lait et le cœur d'une mère pouvaient être remplacés.

Les mois chauds, les *mauvais mois* de l'année, sont aujourd'hui tout aussi meurtriers pour les enfants privés du sein maternel qu'à l'époque où vivait Théophile Roussel. Si je me trompe, mon collègue voudra bien me le dire. Donc, les méfaits de la séparation de la mère et de l'enfant sont aujourd'hui ce qu'ils étaient autrefois.

Aussi nos adversaires n'en parlent pas.

Ils font ce qu'a fait J.-J. Rousseau, qui, après avoir prôné les bienfaits de l'allaitement maternel, s'empresse pour *Émile* d'aller choisir une belle nourrice, accouchée depuis deux mois, et se garde bien de parler de l'enfant de cette dernière!

Mais mes adversaires s'efforcent de mettre en relief *les*

avantages résultant, pour la nourrice, de son placement sur lieu et des immenses bénéfices qu'en retirent *les enfants qui les tètent.*

Quant au malheureux enfant frustré de tout ce qui lui appartient, et par droit naturel et par droit légal, ils font comme fait sa mère : ils *l'abandonnent*. Voyons donc les avantages que peut offrir pour une nourrice son placement sur lieu.

Les nourrices sur lieu peuvent et doivent se diviser en deux grandes catégories : celles qui, ayant chez elles le nécessaire pour élever leur enfant, se placent par *cupidité* ; celles qui, à la naissance de leur enfant, se trouvent sans moyen d'existence. Les premières sont, en général, des femmes mariées, les secondes ne le sont pas pour la plupart.

Eh bien ! qui donc oserait aujourd'hui prendre ouvertement parti pour les premières? Je reconnais que M. Porak et ses partisans n'ont même pas essayé de le faire ; aucune voix ne s'est élevée en leur faveur. Donc tout le monde aujourd'hui condamne la conduite de ces femmes, tous proclament que ces femmes sont des mères indignes. Chacun comprend que la nourrice sur lieu n'est au fond et en réalité qu'un vestige de servage.

Reste la deuxième catégorie : celle comprenant les mères se plaçant nourrices sur lieu par **besoin**, celles qui, disent M. Porak et ses suivants, étant obligées de travailler pour vivre, ne peuvent être nourrices de leur propre enfant. Ce sont les mères abandonnées, plus connues sous le nom de filles-mères.

Par le fait de la naissance de leur enfant, elles possèdent un trésor, non pas leur enfant, mais *leur lait* ; elles doivent en profiter et en faire profiter les autres. Examinons un peu, je vous prie, la valeur de ces arguments.

A la vérité, je reconnais que la plupart de ces femmes, en se plaçant comme nourrices sur lieu, gagnent plus qu'en continuant leur métier, ce dernier ne leur permettant pas de garder leur enfant avec elle. Je reconnais aussi que les enfants étrangers qui les tètent s'en trouvent bien. J'ajouterai même, entre parenthèse, que c'est la plus belle démonstration de la valeur incomparable du lait de femme comme première nourriture de l'enfant. Je sais fort bien que des enfants faibles, débiles, confiés à ces femmes, se développent, alors qu'ils seraient morts s'ils avaient été privés d'un sein. Je sais tout cela, mais ce que je sais aussi et qu'on se garde bien de dire, c'est que les enfants de ces nourrices, vigoureux pour la plupart, sont sacrifiés.

Ces malheureux privés du seul bien qu'ils possèdent, sont confiés à des étrangères, nourrices mercenaires, inconnues de leur mère ; et que deviennent-ils ?

Depuis dix ans, je fais faire et je fais des recherches sur ce sujet, et je vais vous donner la réponse à cette question. Toutes les statistiques, celles du Dr Léon Petit (1895), celle du Dr Luling (1899 et 1900), les miennes propres permettent d'affirmer que, **sur cent enfants, privés du sein de leur mère, élevés loin d'elle, quel que soit le mode d'élevage, il en meurt au moins soixante avant la fin de la première année.**

Ne croyez-vous pas, Messieurs, qu'il soit urgent de faire cesser un pareil état de choses ? Certain à l'avance que vous partagez mon opinion, je n'insiste pas et je continue à vous démontrer que les arguments mis en avant n'ont qu'une valeur apparente, qui disparaît en face de la réalité.

Vous dites, monsieur Porak : « Le terme fixé à l'obligation de l'allaitement au sein de l'enfant des nourrices, aussi bien sédentaires que placées, doit être de trois mois seulement. » Ce qui veut dire, si je ne me trompe, que toute femme sera obligée d'allaiter son enfant pendant trois mois.

Eh bien ! si elle n'a aucune ressource au moment de la naissance de son enfant, si elle ne possède absolument rien, voulez-vous me dire, je vous prie, comment elle fera pour *vivre pendant ces trois mois* ?

En attendant votre réponse, laissez-moi vous répéter que tout ce qui tendra à priver l'enfant du sein de sa mère, tout ce qui facilitera la séparation à la mère de son enfant, ne sera jamais qu'une chose monstrueuse et désastreuse.

L'observation rigoureuse, la raison éclairée s'unissent pour crier :

L'enfant doit être allaité par sa mère, l'enfant ne doit pas être séparé de sa mère.

C'est pour cela que l'Académie a adopté, le 24 mars 1903, la proposition suivante :

« Considérant que l'allaitement maternel, loi de la nature, favorable à la santé de la mère est nécessaire à la vie de l'enfant, est un droit de celui-ci et un devoir pour celle-là ; qu'il a été allégué que certaines mères sont, par suite de manque de ressources, dans l'impossibilité d'accomplir ce devoir ; que cet argument est le seul qui ait été produit contre l'obligation de l'allaitement maternel et que la valeur en fait de cet argument ne peut être contestée ; mais considérant qu'il est conforme à la justice, non moins qu'à l'intérêt social, que la collectivité vienne en aide à ces mères, que le dénûment empêche de remplir leurs fonctions maternelles,

« L'Académie émet le vœu :

« Que des secours d'allaitement soient institués en faveur des mères au sujet desquelles il sera établi que le défaut de ressources leur rend impossible l'allaitement de leur enfant. »

Vous le voyez, Messieurs, l'Académie, en demandant la suppression du dernier paragraphe de l'article 8 et en émettant ce vœu, est restée fidèle à ses principes d'hygiène et de philanthropie.

Et dans sa justice elle ne se montre nullement puissance coercitive, quoi qu'on en ait dit.

Elle ne veut priver aucun enfant, elle demande seulement qu'aucun enfant ne soit privé et dépouillé de ce qui lui appartient.

Elle n'a en vue, en un mot, que *les enfants physiquement et moralement abandonnés*, et réclame pour eux les moyens de protection que possèdent aujourd'hui les enfants qui ne sont que moralement abandonnés. On a objecté que ce que demande l'Académie, que ce que réclament les puériculteurs et tous les vrais philanthropes : l'assistance sociale légale en faveur des mères privées de ressources, nécessiterait, de la part de la société, des dépenses énormes.

Je pourrais répondre déjà qu'à une époque où l'on a enfin compris que l'assistance à la vieillesse était, dans une société civilisée, une chose indispensable, inéluctable, malgré les sacrifices qui en résulteront, il serait monstrueux qu'on n'agît pas de même pour l'assistance à l'enfant. *Assurer le lait maternel aux enfants doit être le corollaire de l'assurance du pain quotidien aux vieillards.*

Mais je laisse cet argument pour l'instant et, envisageant la réalité, l'état de choses actuel, je dis: Toutes les mères privées de ressources ne se placent pas nourrices sur lieu, ne font pas commerce de leur lait. Que font-elles ? Elles abandonnent leurs enfants. Et qui alors en est chargé? La société, qui confie ensuite à une Administration spéciale le soin de s'occuper de ces enfants abandonnés.

Or, que fait cette Administration ? Elle s'empresse de chercher des nourrices mercenaires pour ces pauvres petits. Eh bien! donnez aux mères l'argent que vous coûtent les nourrices mercenaires, et vous verrez s'abaisser considérablement le budget de l'assistance des enfants abandonnés.

A tous les points de vue, c'est la seule mesure véritablement efficace qui s'impose.

Vous le voyez, Messieurs, tous les arguments qui ont été mis en avant pour combattre l'application de l'article 8, ne peuvent résister à un examen sérieux et désintéressé, car cet article ne possède et ne doit posséder qu'un *rôle essentiellement protecteur*.

Aussi, ce rôle ne doit-il pas être amoindri, et cependant il l'est dans la réalité.

De quelle façon ? Je vous demande la permission de vous l'expliquer en quelques mots.

Le deuxième paragraphe de l'article 8, vous le savez, est formulé ainsi :

« Toute personne qui veut se placer nourrice sur lieu est tenue de se munir d'un certificat du maire de sa commune, indiquant si son dernier enfant est vivant ou décédé, et, s'il est vivant, constatant qu'il est âgé de sept mois révolus, ou, **s'il n'a pas atteint cet âge, qu'il est allaité par une nourrice n'ayant pas d'autre nourrisson.** »

Or, ce dernier membre de phrase constitue une fissure par où s'échappe l'action bienfaisante de la loi, je dirais volontiers : c'est une amorce à la fraude. En effet, presque toutes les femmes qui veulent se placer nourrices sur lieu prétendent que leur enfant sera allaité au sein.

Elles arrivent de leur pays avec un certificat revêtu du sceau de la mairie et portant la signature du maire, certificat qui légalise une assertion fausse dans la plupart des cas. Les maires en général n'ont ni le temps, ni la volonté de vérifier le dire de la femme. Et il en résulte que, sous le couvert de la loi, les choses se passent comme avant 1874. Aussi l'Académie a-t-elle émis le vœu que ce deuxième paragraphe de l'article 8 soit ainsi formulé :

Toute personne qui veut se placer nourrice sur lieu est tenue de se munir d'un certificat du maire de sa commune, indiquant si son dernier enfant est vivant ou décédé et, s'il est vivant, constatant qu'il est âgé de sept mois révolus.

Ainsi modifié, l'article 8 peut être facilement respecté par le maire. L'acte de naissance de l'enfant lui suffit, pour signer à bon droit le certificat demandé par la candidate nourrice, et si le maire signe un certificat contraire à la réalité, il ne pourra plus arguer de sa bonne foi.

Voilà pourquoi je vous ai affirmé, au début, que l'article 8 devait être modifié ; je viens de vous dire comment, à mon avis, il doit l'être ; laissez-moi espérer, Messieurs, que vous vous joindrez à l'Académie pour demander cette modification.

En agissant ainsi et en ne faisant que cela, vous renforcerez le rôle, *essentiellement et uniquement protecteur de la loi*, tandis qu'en persistant dans votre vœu émis le 13 mars 1903, ramenant à trois mois le délai de sept mois prescrit par l'article 8 de la loi de 1874, vous ne ferez pas œuvre de *protection*, mais bien, j'en ai la conviction absolue, **œuvre de mutilation.**

Mayenne, Imprimerie Ch. COLIN

www.ingramcontent.com/pod-product-compliance
Lightning Source LLC
LaVergne TN
LVHW050513160826
845677LV00003B/1105

* 9 7 8 2 3 2 9 6 3 5 3 9 2 *